MEIA-IDADE COMO RIQUEZA

ANSELM GRÜN

MEIA-IDADE como Riqueza

DIREÇÃO EDITORIAL:
Carlos da Silva
Marcelo C. Araújo

COMISSÃO EDITORIAL:
Avelino Grassi
Roberto Girola

COORDENAÇÃO EDITORIAL:
Denílson Luís dos Santos Moreira

TRADUÇÃO:
Inês Antonia Lohbauer

COPIDESQUE:
Ana Lúcia de Castro Leite

REVISÃO:
Leila Cristina Dinis Fernandes

DIAGRAMAÇÃO:
Juliano de Sousa Cervelin

CAPA:
Tamara Pereira Sousa

Título original: *Lebensmitte als Geistliche Aufgabe*
© Vier-Türme GmbH, Verlag D-97359
Münsterschwartzach Abtei
ISBN 3-87868-128-3

Todos os direitos em língua portuguesa, para o Brasil, reservados à Editora Ideias & Letras, 2017.

4ª Impressão.

Rua Barão de Itapetininga, 274
República - São Paulo/SP
Cep: 01042-000 – (11) 3862-4831
Televendas: 0800 777 6004
vendas@ideiaseletras.com.br
www.ideiaseletras.com.br

Dados Internacionais de Catalogação na Publicação (CIP)
(Câmara Brasileira do Livro, SP, Brasil)

Meia-idade como riqueza / Anselm Grün; (Tradução Inês Antonia Lohbauer).
Aparecida-SP: Ideias & Letras, 2007.

Título original: *Lebensmitte als Geistliche Aufgabe*
ISBN 978-85-98239-34-7

1. Jung, Carl Gustav, 1875-1961 2. Meia-idade - Aspectos psicológicos 3. Meia-idade – Vida religiosa 4. Tauler, Johannes, ca, 1300-1361 I. Título.

07-1861   CDD-248.84

Índice para catálogo sistemático:

1. Meia-idade: Vida cristã: Cristianismo 248.84

SUMÁRIO

Introdução – 7

1. A superação da crise da meia-idade – 17
Por *Johannes Tauler*

    A crise – 22
    A fuga – 25
    Ficar para trás – 30
    Autoconhecimento – 37
    Desapego – 45
    O nascimento de Deus – 52

2. Os problemas da meia-idade – 57
Segundo *C.G. Jung*

    O processo de individuação – 61
    Os problemas da meia-idade – 65
    A relativização da persona – 67

A aceitação da sombra (o problema do oposto) – 68
A integração de anima *e* animus – 71
O desenvolvimento do self *na aceitação da morte e no encontro com Deus* – 83

Conclusão – 91

INTRODUÇÃO

Quando um homem de 40 anos de idade começa a ter problemas no trabalho, ou quando um casal entre 40 e 50 anos de idade entra em crise, muitos dizem que eles estão passando por uma típica *midlife crisis*, a famosa crise da meia-idade. Em nossa sociedade, podemos observar frequentemente como muitas pessoas entre 40 e 50 anos de idade, de repente, perdem a antiga segurança. Perguntam-se pelo sentido da vida. Questionam seu trabalho. Até aquele momento eles empenharam toda a sua energia na construção da família e na formação de uma base econômica. Construíram uma casa. Mas, agora se perguntam, para quem e para que eles fizeram tudo isso. A família os decepciona. Ela não é mais o apoio que lhes deu segurança até aquele momento. De repente, eles se sentem muito desanimados no trabalho. Tudo é demais. Emoções, que até então eles não conheciam, aparecem de repente e provocam confusão em seus sentimentos. O corpo não funciona mais como desejariam. Surgem as primeiras doenças, trazendo mais insegurança. Não se pode mais confiar naquilo que era válido até então. É preciso se reorientar. Por causa da saída de muitos irmãos com mais de 40 anos de idade de nossa comunidade, fomos confrontados com o tema da "crise da meia-idade". Uma espiada na literatura mostrou-nos que a *midlife crisis* não acomete apenas inúmeros sacerdotes e membros de ordens religiosas com idades entre 40 e 50 anos, levando-os a uma crise existencial que muitas vezes faz com que abandonem a profissão, mas que para a maioria das pessoas ela representa um problema que chega a desestruturar suas vidas. Mudanças de profissão e de ambiente, divórcios, colapsos nervosos, queixas psicossomáticas de diversos tipos, são todos sinais de uma crise de meia-idade não superada.[1]

---

[1] JUNG, C.G. *Die Lebenswende, Gesammelte Werke* 8. Zurique 1967, pp. 441-460; DAVID, J. "Altersrevolution: statt Abbau Veränderung", em: *Orientirung* 38 (1974) pp. 151-154; WULF, F. "Der Mittagsdämon oder die Krise der Lebensmitte", em: *Geist und Leben* 38 (1965) pp. 241-245; PÖGGELER, F. *Die Lebensalter*, Mainz 1973; GUARDINI, R. *Die Lebensalter. Ihre Ethische und Pädagogische Bedeutung*, Würzburg, 4ª edição 1957; BOVET, T. *Führung durch die Lebensalter*, Berna 1963; VOLLMER, H. *Die Krise in den Mittleren Jahren und wie sie zu Bewältigen ist*, Munique 1977; TOURNIER, P. *Die Jahreszeiten unseres Leben. Entfaltung und Erfüllung*, Hamburgo 1967; SCHREINER, H. *Midlife Crisis. Die Krise in der Mitte des Lebens*, Munique 1977.

Em um dia de trabalho teológico, nossa comunidade encarou a saída dos irmãos como um estímulo para a reflexão sobre os problemas da meia-idade e sua possível superação. Dois referendos constituíram a base para a conversa conjunta e a troca de experiências pessoais nos grupos. O abade Fidelis Ruppert apresentou os pensamentos do místico alemão Johannes Tauler (1300-1361), em que a crise da meia-idade é vista como uma oportunidade de crescimento espiritual. Para nós era claro que a crise da meia-idade dos monges deveria ser superada de forma religiosa. Mas os pressupostos antropológicos e psicológicos não deveriam ser negligenciados. Complementando a parte religiosa citada por Tauler, referi-me aos problemas da meia-idade do modo como C.G. Jung os encarava, ou seja, do ponto de vista psicológico. O vivo interesse, despertado pelos pensamentos de Tauler e Jung em nossos irmãos e outros membros de ordens religiosas, justifica sua divulgação para um grupo maior.

Na crise da meia-idade, não se trata apenas de adotar uma nova postura diante de eventos físicos e psíquicos diferentes, de uma adaptação à redução das forças físicas e mentais, ou a constatação do surgimento de novos desejos e anseios. Na verdade, trata-se de uma crise existencial mais profunda, na qual se formula a pergunta pelo sentido de tudo: Por que eu trabalho tanto, por que eu me canso tanto, sem encontrar um tempo só para mim? Por que, como, para que, para quem? Essas perguntas surgem cada vez com mais frequência e trazem incertezas aos conceitos de vida válidos até então. A pergunta pelo sentido das coisas já é uma pergunta religiosa. A meia-idade é essencialmente uma crise do sentido das coisas e, assim, uma crise religiosa. E ao mesmo tempo abriga em si a chance do encontro de um novo sentido para a vida.

A crise da meia-idade agita os elementos da vida humana, desordenando-os para separá-los e dar-lhes uma nova ordem. Do ponto de vista da fé, é o próprio Deus que está atuando nessa crise. Ele provoca a movimentação do coração humano, para abri-lo a si e libertá-lo de todas as autoilusões. A crise como obra da graça divina é um aspecto que quase nunca aparece na abrangente literatura sobre a crise da meia-idade. Mesmo assim é um aspecto determinante. Para os fiéis, a crise da meia-idade não é algo que os acomete de fora e que, para sua superação, necessita da fé apenas como uma fonte de força. O próprio Deus age sobre a pessoa, e assim a crise é ao mesmo tempo o momento de um novo e intenso encontro com Deus e uma nova vivência dele. É um trecho decisivo de nosso caminho à fé, um ponto no qual decidimos se vamos usar Deus para enriquecer nossa vida e nos realizarmos, ou se estamos dispostos a nos abandonarmos a Deus, confiantes, entregando nossa vida a ele. Esse aspecto espiritual da meia-idade aparece nas prédicas que o místico alemão Johannes Tauler proferiu há 600 anos para mulheres de ordens religiosas. Provavelmente, Tauler conhecia o fenômeno da crise espiritual e humana da meia-idade.

Em nossos tempos, foi o terapeuta suíço C.G. Jung, entre outros, que tratou do fenômeno da meia-idade. Ele parte do caminho da autorrealização humana. Nesse caminho da "individuação", C.G. Jung observa, na meia-idade das pessoas, uma mudança decisiva. O caminho não continua simplesmente como até aquele momento. Na meia-idade, os temas religiosos vêm à tona. A sombra se anuncia, ela é tudo o que a pessoa reprimiu no passado. Mesmo para Jung, não basta superar a crise da meia-idade apenas com métodos psicológicos. Como psicólogo, ele aponta para caminhos religiosos: o caminho da meditação, no qual a pessoa encontra seu próprio centro, o caminho do jejum, do silêncio, da oração, que abre o acesso ao inconsciente. Só quando a pessoa encontra o acesso à fonte vital do inconsciente ela pode, na virada da vida, tomar um novo rumo e dar a sua vida uma nova profundidade.

O psicólogo C.G. Jung lamenta que para muitas pessoas a escola da religião não seja mais uma ajuda na superação de suas crises pessoais. Este livro pretende estimular as pessoas a redescobrirem o caminho religioso como um caminho de salvação, como um remédio para as feridas provocadas pela vida, e que justamente na crise da meia-idade afloram tão dolorosamente. Não há volta, não há possibilidade de se negar todo o conhecimento que a psicologia nos deu de presente, mas é um avanço, em um caminho onde, apesar de toda a visão psicológica, nos deixamos guiar por Jesus Cristo.

O caminho de Cristo, que passa pela cruz e vai em direção à nova vida da ressurreição, é um caminho no qual nós também nos tornamos mais maduros e saudáveis como seres humanos, no qual conceitos como autorrealização pessoal, desenvolvimento de qualquer tipo de tendência, não estão em primeiro plano.

Mais importante do que isso é abrirmos a vida para Deus, a fim de que ele possa agir em nós e nos dar força em nossa fraqueza. Não se trata da autorrealização e da autoglorificação do ser humano, mas da glorificação de Deus em tudo. Uma forma de glorificação de Deus é o ser humano saudável e maduro, que ao morrer é revestido pela nova vida da ressurreição, "para que a vida de Jesus se torne visível em nossa carne mortal" (2Cor 4: 11).

1

A SUPERAÇÃO DA CRISE DA MEIA-IDADE

Por *Johannes Tauler*

Nas prédicas que Tauler realizou, principalmente em conventos de freiras, ele fala frequentemente da crise dos 40 anos. O quadragésimo ano de vida representa uma mudança na vida das pessoas. Todos os seus esforços espirituais só produzem frutos depois do quadragésimo ano de vida, e só então o ser humano pode alcançar a verdadeira paz na alma. Numa das prédicas, Tauler usa os 40 dias entre a ressurreição e a ascensão, e os dez dias a mais até Pentecostes, como símbolo da evolução espiritual do ser humano.

O ser humano pode fazer o que quiser, começar como quiser, mas nunca alcançará a paz verdadeira e nunca será um ser humano dos céus, de acordo com sua essência, antes de chegar aos 40 anos de idade. Até esse dia, ele fica fazendo tantas coisas, a natureza o empurra de um lado a outro, e são tantas as coisas que às vezes a natureza controla nele, e enquanto ele pensa que é tudo Deus, não consegue alcançar a paz total nem se tornar totalmente um ser dos céus, antes daquele momento. Então ele precisa esperar mais dez anos até que o Espírito Santo, o consolador, faça parte dele de verdade, o espírito que ensina todas as coisas.[2]

Para o caminho espiritual do ser humano, os anos de vida são muito significativos. Para Tauler, o objetivo é a chegada no fundo da própria alma. Os eruditos sempre brigaram muito a respeito do conceito de fundo da alma. Mas não queremos entrar nessa discussão erudita, porém usá-la como imagem do interior do ser humano, como a base na qual todas as forças da alma estão unidas, na qual o ser humano está totalmente em si mesmo e na qual mora o próprio Deus. Não conseguimos chegar ao fundo da alma com nossos próprios esforços, nem pelo ascetismo ou pelas orações constantes. Não conseguimos entrar em contato com

---

[2] TAULER, Johannes. *Predigten*. Edição completa transformada e editada por V. G. Hofmann, Freiburgo 1961, p. 163s. (prédica 19).

nossa base mais profunda por meio da ação, mas sim do desapego.

Geralmente, na primeira metade da vida, as pessoas estão preocupadas com suas atividades. Elas querem conquistar coisas, não meramente mundanas, mas também coisas do campo religioso. Querem progredir no caminho que leva a Deus, por meio de exercícios espirituais. Na verdade, isso é até bom, pois assim a vida torna-se corretamente ordenada. Mas não conseguimos chegar ao fundo de nossa alma por esforço próprio, apenas quando deixamos Deus agir em nós. E Deus age em nós por meio da própria vida, das experiências que a vida traz consigo. Deus nos ensina por meio das decepções, ele revela nosso vazio por meio de nossos fracassos, ele trabalha em nós por meio do sofrimento que nos inflige. Essas experiências de vazio adensam-se na meia-idade. Devemos deixar que Deus nos subtraia todo o nosso esforço espiritual, para que ele nos guie depois através do vazio e da rigidez de nosso coração até o fundo de nossa alma, onde não encontramos mais nossas imagens e sentimentos, mas o Deus verdadeiro.

Segundo Tauler, trata-se, na meia-idade, de nos deixarmos esvaziar e desnudar por Deus, para sermos vestidos depois por sua graça. Portanto, a crise é o ponto de virada determinante, no qual decidimos se permanecemos fechados em nós mesmos ou se nos deixamos abrir para Deus e sua graça. Queremos esboçar a crise e suas formas de superação, tal como descrita por Tauler em suas prédicas, em seis passos.

A CRISE

Tauler observou que algumas pessoas entre o quadragésimo e o quinquagésimo ano de vida e que levaram uma vida religiosa durante muito tempo, muitas vezes, entravam numa crise espiritual. Tudo o que até então haviam praticado, em termos de exercícios religiosos, contemplação, orações pessoais e conjuntas, oração em coro, preces, de repente torna-se banal para elas. Não encontram mais prazer naquilo, sentem-se vazias, exauridas, insatisfeitas.

Todos os pensamentos sagrados e imagens de amor, a alegria e o júbilo, e tudo o mais que Deus já lhes dera de presente, tudo isso lhes parecia uma coisa banal, e elas se afastam de tudo, não sentem mais o sabor das coisas e não querem mais permanecer com aquilo; não gostam daquilo e não têm

> *mais o que lhes dava prazer. Portanto, estão entre duas extremidades e passam por muito sofrimento e opressão.*[3]

O problema dessa situação é que a pessoa não consegue fazer mais nada com sua prática religiosa habitual, mas também não sabe o que lhe faria bem. O que era habitual lhe foi tomado, mas o novo ainda não chegou. E existe o perigo de que, com o fim da prática religiosa, ela atire a fé para longe, pois não encontra um caminho para se aproximar de Deus. Vivencia um fracasso de todos os seus esforços espirituais, nos quais conseguia apoiar-se até então. O apoio nas formas externas lhe foi subtraído. E assim, decepcionada, está quase se afastando de Deus.

Mas para Tauler essa crise é obra da graça de Deus. O próprio Deus conduz a pessoa à crise, à "opressão". Com o termo "opressão", Tauler define um estado de

---

[3] Citado em WEILNER, I. *Johannes Taulers Bekehrungsweg. Die Erfahrungsgrundlagen seiner Mystic*, Regensburg 1961, p. 174. Nossas citações dos pensamentos de Tauler baseiam-se em grande parte no trabalho de Weilner, que elaborou muito bem o significado, para a vida espiritual, da transição da vida nas prédicas de Tauler. Quando citamos as prédicas de Tauler segundo a tradução de Weilner, informamos no texto o número da página da obra de Weilner.

alma no qual muita coisa é nela jogada e oprimida. Na opressão a alma sente-se ameaçada e apertada. E ao mesmo tempo ela sabe que não pode mais se esquivar, que precisa enfrentar a própria verdade. Deus conduz a alma à opressão visando um objetivo bem determinado. Ele quer trazer o ser humano à verdade, conduzi-lo ao fundo da alma. Nesse caso Tauler usa a imagem de Deus virando pelo avesso a casa da pessoa, para que ela encontre a dracma, o fundo da alma. Deus é comparado a uma dona de casa que revira tudo para encontrar a dracma perdida. Na meia-idade a pessoa já se instalou na casa de sua vida. Ela conhece tudo, já se ajeitou. Tem sua profissão, sente-se seguro. Mas de tanto se ajeitar, perdeu o próprio centro. Não está mais em contato com a dracma, com seu eu verdadeiro:

> *Quando o ser humano chega a essa casa e procura Deus, ela é virada de cabeça para baixo, e então é Deus que o procura e revira a casa de cima abaixo como alguém que procura algo; ele joga as coisas de um lado para outro até encontrar o que procura* (p. 172).

A reviravolta na ordem, que até aquele momento reinava na casa, faz com que o ser humano descubra a própria base e se sinta mais propenso a desenvolver sua maturidade espiritual do que a agir:

> *E se fosse possível, e se a natureza pudesse agüentar essa reviravolta dia e noite, setenta e sete vezes, se o ser humano quisesse tolerá-la e pudesse nela se soltar, seria mais útil para ele do que tudo o que ele já aprendeu ou que lhe foi dado. Se o ser humano pudesse soltar-se nessa virada, seria conduzido para bem mais longe do que poderiam conduzi-lo todas as obras, recomendações e preceitos jamais imaginados ou inventados* (p. 173).

Frequentemente, o ser humano não reage corretamente diante da crise à qual foi conduzido por Deus. Ele não percebe que Deus está agindo nele e que seria importante deixar que isso acontecesse. Tauler descreve diversas formas de reagir erroneamente à crise.

A FUGA

Pode-se fugir da crise da meia-idade de três maneiras. A primeira consiste em se recusar a olhar para dentro de si. A pessoa não enfrenta a intranquilidade do próprio coração, mas a transfere para fora, uma vez que, com muita impaciência, tenta aperfeiçoar tudo nas outras pessoas, nas estruturas, nas instituições. Quando Deus provoca a intranquilidade na pessoa, quando ele revira sua casa, quando com a luz de sua bênção ele:

> *Aproxima-se da pessoa e começa a tocá-la, então, onde ela estiver, começa a esperar, afasta-se do fundo da alma, coloca o convento sobre sua cabeça e quer fugir, sabe-se lá para onde, e não aceita mais o testemunho (do Espírito nele) por causa de sua ação sensorial para o exterior* (p. 177).

Como a pessoa não quer se modificar, resolve modificar o convento. Projeta para o exterior a insatisfação consigo mesma e bloqueia o acesso ao próprio fundo da alma com mudanças externas. Permanece tão ocupada com mudanças e melhorias externas, que nem percebe que seu interior não acompanha essas mudanças. A luta externa dispensa-o da tarefa de lutar consigo mesmo.

Um segundo tipo de fuga consiste na insistência da pessoa em realizar exercícios religiosos externos. Portanto, agora ela não se concentra mais nos outros, no ambiente ao redor, mas permanece consigo mesma.

Mas se agarra às formas externas. Foge dos conflitos internos por meio das atividades externas. Em vez de ouvir seu interior e prestar atenção em sua "vereda pessoal" interior oculta, ela prefere permanecer nas "amplas estradas usadas por todos".

> *Muitas pessoas fazem justamente o contrário. Concentram-se totalmente na eficiência e no exercício externos e agem exatamente como aquele que deveria ir a Roma, portanto, colina acima, e em vez disso vai colina abaixo, para a Holanda. Quanto mais longe ele vai, mais se desvia do caminho. E quando essas pessoas depois voltam, elas já estão velhas, a cabeça lhes dói, e não conseguem mais fazer jus ao amor em suas realizações e em seus impulsos* (p. 177).

O terceiro tipo de fuga consiste em se converter a intranquilidade interior em constantes mudanças de forma de vida exterior. A agitação interior logo empurra a pessoa a uma prática religiosa determinada, depois outra e assim em diante:

> *Quando essas pessoas são tocadas por dentro, vão imediatamente a outro país, a outra cidade; se não conseguem fazê-lo começam – naturalmente*

só externamente – a viver de outro modo. De repente, ela quer ser uma pessoa pobre, depois quer viver na clausura e finalmente entrar para um convento (p. 178).

Novamente, esperam das formas externas uma solução para a crise interna. Atiram longe as velhas formas e buscam novas. Essa experiência de Tauler confirma-se atualmente em certas pessoas que querem constantemente experimentar novas formas de meditação. Entusiasmam-se ora por uma, ora por outra. Mas, quando o primeiro entusiasmo arrefece, elas a trocam por outra, que então passa a ser a *non plus ultra*. E como não se mantêm fiéis a nenhuma, nunca encontram a própria base. Não enfrentam a própria intranquilidade, não a suportam, não ouvem a voz de Deus, que justamente pretende conduzi-los a seu próprio interior, passando por sua angústia. No entanto, em vez de se modificarem internamente, correm atrás de mudanças externas:

Essa angústia já fez com que muitos fugissem para Aachen, para Roma, para viver entre os pobres e nas clausuras. E quanto mais fugiam para esses lugares, menos se encontravam. Alguns retornavam às imagens da razão e brincavam com elas, porque não queriam passar pelo sofrimento dessa angústia, e assim estatelaram-se no chão (p. 178).

A reação de fuga é compreensível, pois a minoria conhece a função positiva da crise da meia-idade. A maioria sente-se insegura e reage a sua maneira, muitas vezes de forma irracional. Por isso é importante conhecer o caráter de escalada da vida espiritual. Cada degrau tem sua função. O momento da meia-idade é um degrau determinante no caminho a Deus e à própria autorrealização, um degrau doloroso, que por isso muitos insistem em não querer admitir e em cuja proximidade reagem com um forte mecanismo de rejeição, que é a fuga. A atividade frenética, característica de muitas pessoas nessa idade, é frequentemente uma fuga inconsciente da crise interior. Mas como a maioria das pessoas é deixada de lado com a própria crise, não encontra nenhuma outra possibilidade de reagir. Por isso precisaríamos de pessoas espiritualmente experientes que pudessem ajudar os outros em suas crises e acompanhá-los por meio da angústia até à maturidade humana e espiritual.

FICAR PARA TRÁS

Outra forma de reagir à crise da meia-idade é permanecer imóvel, ficar para trás, não reagir à necessidade de dar o passo seguinte na direção da evolução, agarrar-se à forma de vida habitual. No plano psicológico, isso se expressa como "montar nos princípios", a pessoa esconde-se atrás de princípios para não demonstrar seus medos interiores. No campo religioso, o "ficar para trás" mostra-se quando a pessoa se enrijece nos exercícios de devoção praticados até aquele momento. Ela cumpre fielmente seus deveres religiosos, vai regularmente à missa aos domingos e realiza suas orações diárias. Cumpre rigorosamente os deveres religiosos. Mas em tudo isso ela não consegue evoluir internamente, torna-se dura, severa, reclama dos outros, critica seus desleixos morais ou religiosos, julga-se uma pessoa cristã devota, que precisa mostrar aos outros como se deve viver de forma cristã. Mas apesar de toda essa ânsia, temos a impressão de que essas pessoas não irradiam nada do amor e da bondade de Cristo. Também não expressam nenhum entusiasmo. Tudo cheira a pedantismo, mediocridade. São mesquinhas, melancólicas, duras em seus julgamentos, egocêntricas.

Por meio da fixação nos princípios religiosos e na prática religiosa, querem passar por cima da crise interna e encobrir o medo que a crise provoca. Na verdade, é o medo de que o próprio Deus arranque-me todas as imagens que produzi de mim mesmo e de Deus, e toque-me de um modo que possa provocar o desmoronamento do edifício de minha vida, construído por mim. Tauler volta sempre a se posicionar contra a fixação nos princípios e formas externos, provocada pelo medo. Com suas prédicas, ele pretende revelar as durezas do coração, que muitas vezes encontramos justamente em pessoas muito devotas. Os princípios, nos quais muitas vezes queremos apegar-nos com tanta teimosia e medo, são chamados por Tauler de ídolos. E ele acha que muitas pessoas estão sentadas sobre seus ídolos como um dia Raquel, que se sentou sobre seus ídolos (p. 171). Elas se agarram a seus ídolos para evitarem o encontro com o verdadeiro Deus.

Algumas pessoas gostam tanto de seus hábitos (isto é, seu estilo de vida e sua maneira devota de ser) que não deixam ninguém interferir, nem Deus nem o ser humano, e se protegem como a sua menina dos olhos, para não se abandonarem a Deus. Se Nosso Senhor aparece com uma recomendação, *de forma direta ou indireta, rapidamente ele coloca sua forma de ser a sua frente e não cede nem um centímetro* (p. 152).

Ele se volta contra tudo o que Deus poderia lhe transmitir, diretamente, e questiona-o. Ele se volta contra tudo o que se constitui em um meio para Deus comunicar-se diretamente com ele e questioná-lo. Ele se fixa em seus exercícios e coloca-os entre ele e Deus. Sua segurança, sua convicção religiosa são mais importantes para ele do que seu encontro pessoal com Deus. Ele afasta Deus de si, pois este poderia tornar-se perigoso para ele. Poderia mostrar-lhe como as coisas são na verdade, quais são os motivos de seu apego à prática religiosa. Deus poderia considerar sua atividade religiosa como autogarantia, poderia mostrar-lhe seus propósitos e desejos ocultos, as tentativas de reprimir seu medo. Então ele se esconde atrás dessas atividades devotas, em vez de ser efetivamente devoto. Ele age de modo devoto, para que Deus não lhe mostre que ele não é nem um pouco devoto, mas que em sua ação ele busca apenas sua segurança, sua autojustificação, sua riqueza espiritual. Ele se enrijece nos exercícios de devoção, sem perceber que eles não o tornam devoto automaticamente. Ele se endurece em sua suposta caridade, mas permanece inatingível para o chamado direto de Deus, que pretende alertá-lo para a verdade. Essa postura é típica dos fariseus. Mas podemos encontrá-la em muitos dos assim chamados bons cristãos, que não ousam entregar-se ao verdadeiro Deus, na fé, e deixar-se transformar por ele constantemente. Tauler diz, a respeito dessas pessoas, que elas se satisfazem com cisternas fechadas em vez de provar da fonte vital de Deus. E ele alegava que existem muitas pessoas espiritualizadas que:

Deixaram completamente as águas vivas, e em seu ser mais profundo há pouca luz e vida, há muito mais coisas estereotipadas. Essas pessoas ficam para trás, com seus modos e suas obras materialistas, externas, e suas normas – tudo o que é ouvido fora é levado de fora para dentro, ou por meio dos sentidos, ou de imagens; e de dentro para fora, a partir da base, de onde as coisas deveriam jorrar e saltar para o exterior, não há nada. Mas não são realmente cisternas vazias, sem nada dentro, sem nada que possa jorrar ou borbulhar, mas elas contêm o que entrou nelas, de fora, e que sai do jeito que entrou. E aquilo que há nelas são apenas normas e modos de ser que as pessoas promoveram e adotaram segundo seus próprios critérios. Não se movem no fundo; ali não existem fontes e anseios, nem tentativas de progredir. Então elas fazem as coisas a seu modo, coisas que vêm de fora por meio dos sentidos, e isso lhes basta. Agarram-se às cisternas que elas mesmas construíram, e Deus não tem sabor para elas. E também não bebem da água vital, isso elas deixam de lado (p. 154).

E Tauler conclui a descrição dessas pessoas:

Nessas cisternas tudo o que é levado para dentro finalmente apodrece, cheira mal e seca; no fundo, o que permanece é a vontade de domínio, o egocentrismo, a rigidez do coração, o julgamento, o discurso e o comportamento endurecidos..." (p. 154s.).

Com a atividade externa, o trabalho devoto e o ativismo religioso, as pessoas querem esconder que não têm nenhum relacionamento com a própria base, que o próprio Deus lhes é alheio. Acham que possuem Deus, quando realizam determinados exercícios religiosos. Querem forçar a presença de Deus em suas práticas religiosas. O motivo dessa postura é o medo do Deus vivo. Como as pessoas têm medo de que Deus possa demolir o edifício das proteções e autojustificativas e deixe-as nuas e expostas diante do Deus verdadeiro, elas tentam, por meio de um estilo de vida intocável, erigir um muro de proteção que nem mesmo Deus consegue atravessar. O cumprimento fiel do dever não provém de um coração pleno de amor, que foi tocado e atingido por Deus, mas de uma fixação medrosa em si mesmo. A pessoa justifica-se com suas obras, por medo de se entregar ao julgamento de Deus, de se abandonar confiante nos braços amorosos de Deus. Ao se agarrar em si mesma, ela rejeita a fé na qual deveria se entregar a Deus.

Tauler não recomenda que se suspendam os exercícios espirituais. Pelo contrário: formas externas de devoção são boas, pois têm como alvo o interior do ser humano e ajudam-no a se liberar dos apegos terrenos.[4] E Tauler adverte sobretudo os mais jovens, para que pratiquem o amor e realizem coisas externas, que atraiam Deus.[5] Mas existe

---

[4] Tauler, p. 523 (prédica 68).
[5] Tauler, p. 625s. (prédica 84).

o perigo de supervalorizarmos nossas ações e de nossos exercícios "nos ocuparem tanto que nunca conseguiremos chegar a nós mesmos, a nosso interior".[6] Para Tauler, os 40 anos de idade são um ponto de mudança de rumo, uma mudança na avaliação dos exercícios externos. Ele cita o papa Gregório, o Grande, que diz, em sua descrição da vida de Bento de Núrsia: "Os sacerdotes da antiga aliança só se tornavam guardiões do templo com a idade de 50 anos, e enquanto não a atingiam eram apenas encarregados do templo e realizavam exercícios espirituais".[7] Com idades abaixo de 40 ou de 50 anos os exercícios são um apoio importante para conseguirmos crescer interiormente e nos aproximarmos de Deus. E nesse momento, diz Tauler, "ele não deve confiar no interior nem no exterior,

---

[6] TAULER, p. 339 (prédica 44).
[7] TAULER, p. 626 (prédica 84). Aqui Tauler cita, de forma um tanto livre, o trecho em que o papa Gregório fala, no segundo livro dos diálogos após a tentação de Bento, como este, depois de sua superação, tornou-se um mestre de vida espiritual para outros. O trecho diz: "Livre dos tormentos da tentação ele se tornou, justamente, um mestre das virtudes. Por isso é que no livro do Êxodo Moisés ordenou que os levitas de 25 anos de idade e mais servissem, e de mais de 50 anos porém fossem os guardiães dos santos recipientes (Êx 8:24-26)" (*Dialoge II*, Cap. 2, cit. segundo a tradução de C. Kniel, Beuron 1929).

nem confiar demais na paz, nem na renúncia ou até no domínio sobre si mesmo: pois tudo isso ainda está muito misturado com a natureza".[8] Mas quem se apega muito a seus exercícios depois dos 40 anos de idade, considerando-os mais importantes do que o contato com o fundo de sua alma, torna-se uma cisterna seca. Perde-se nas ações externas sem sentir o impulso interior de Deus, no fundo de sua alma.

Autoconhecimento

A crise da meia-idade coloca-nos diante do desafio do autoconhecimento, que ao mesmo tempo é uma grande ajuda para sua superação. Quando a graça de Deus toca-nos e coloca de cabeça para baixo tudo o que existe no edifício de nossa vida e de nossos pensamentos, ele nos está oferecendo uma chance de nos conhecermos melhor, não só externamente, mas também no fundo de nossa alma, ali onde se oculta nossa essência. Para Tauler, o caminho do autoconhecimento é a

---

[8] Tauler, p. 626 (prédica 84).

virada para dentro, o direcionamento da atenção para o fundo da alma. Mas como no início o autoconhecimento é doloroso, porque descobrimos, sem piedade, o que existe em nosso interior, como escuridão e maldade, covardia e falsidade, então preferimos evitá-lo. Tauler descreve, em imagens drásticas, a condição dessas pessoas que se reprimem diante do autoconhecimento:

> *Meninos, porque vocês acham que o ser humano não consegue, de jeito nenhum, chegar a seu fundo? O motivo é que colocaram por cima dele uma pele espessa, horrível, tão espessa quanto o couro do boi, e ela cobriu tanto seu interior que nem Deus, nem ele mesmo consegue penetrá-la. Ela se endureceu. Saibam vocês, algumas pessoas podem ter trinta ou quarenta peles espessas, tão grossas como a pele dos ursos* (p. 189).

Encontramos constantemente pessoas das quais não conseguimos nos aproximar. Podemos apontar seus erros, mas elas nem nos ouvem. Bem intencionados, podemos até chamar-lhes a atenção para seus comportamentos antipáticos, mas em vão. Elas não têm a mínima sensibilidade para sua verdadeira condição. E com sua imagem da pele de boi, Tauler acha que essas pessoas têm tão pouco contato com a própria realidade que até para Deus torna-se impossível atravessar essa pele espessa. Sua interioridade está encoberta e impalpável, tanto para si mesmas quanto para Deus.

Essas pessoas também não aprendem com as experiências que Deus lhes envia, tanto as experiências positivas quanto as negativas. Elas têm um olhar agudo para as fraquezas dos outros, mas são cegas para as próprias fraquezas. A psicologia chama essa cegueira de "projeções". Como eu projeto minhas fraquezas no outro, não consigo mais reconhecê-la em mim, fico cego para minha própria situação. Isso se expressa nas reclamações que fazemos dos outros, nos julgamentos e nas críticas. Para Tauler, essa é uma "característica do falso amigo de Deus, uma vez que julgam as outras pessoas, mas não elas mesmas. E os autênticos, pelo contrário, não julgam ninguém além deles mesmos" (p. 191).

Na maioria das vezes, o autoconhecimento é desagradável para nós. Ele arranca todas as máscaras de nosso rosto e revela o que há dentro de nós. Por isso é compreensível que muitos prefiram evitar um autoconhecimento direto. Na crise da meia-idade, o próprio Deus interfere e leva o ser humano a conhecer a si mesmo. Tauler vê nisso um sinal da atuação do Espírito Santo no ser humano, quando este começa a se conhecer. Sob a influência do Espírito Santo, o ser humano penetra cada vez mais em sua angústia, seu interior é abalado. E o Espírito Santo revela o que é falso nele:

Dessa passagem do Espírito nasce uma grande opressão na pessoa. Quanto mais clara, verdadeira e desvelada for a passagem dessa opressão, tanto mais veloz, forte, rápida, autêntica e clara será também a obra, o impulso e a transformação da pessoa, e tanto mais claramente ela reconhecerá que ficou para trás (p. 192).

Tão logo chega a seu fundo, a sua base, a pessoa passa a vivenciar feias surpresas:

Oh, mas o que podemos encontrar, quando chegamos ao fundo! O que agora nos parece uma grande santidade é na verdade uma falsa base, e é o que encontraremos! (p. 191)

Achamos que é nossa obrigação proteger as pessoas dos abalos da meia-idade. Por seu lado, Tauler vê nela a obra do Espírito Santo. Esse espírito quer abalar-nos, para penetrarmos em nossa própria verdade. Ele nos desafia a deixarmos ruir sobre nossas cabeças a torre de nossa presunção, de nosso orgulho, e nos entregarmos totalmente à obra realizada por Deus em nós, por meio dessa opressão:

> *Afunde, afunde até a base, até seu nada, e deixe a torre (da catedral da presunção e do orgulho), com todos os seus paramentos, cair sobre você! Deixe todos os demônios que estão no inferno caírem sobre você! Céu e terra com todas as criaturas – tudo isso vai servir-lhe maravilhosamente! Afunde, então o que há de melhor fará parte de sua pessoa* (p. 193).

São frases corajosas essas que Tauler expressa. Até os demônios do inferno devemos deixar cair sobre nós, com a certeza de que Deus nos guiará por meio de nossa angústia.

O autoconhecimento é acionado pelo Espírito Santo. Mas o ser humano também contribui com sua parte. Tauler indica-nos diversas opções de ajuda para o caminho do autoconhecimento. Para isso, a pessoa deve observar e testar cuidadosamente suas ações e não ações, seus pensamentos e desejos preferidos, e as fraquezas especiais da natureza. A auto-observação pode ser exercitada:

Meninos, é preciso um enorme esforço para que a pessoa conheça corretamente sua mente; para isso ela precisa observar-se e usar a imaginação dia e noite, controlar-se e ver o que a estimula a realizar todas as suas obras; e devemos corrigir nossas ações com todas as nossas forças e dirigi-las diretamente a Deus. Então a pessoa não estará mentindo, pois todas as boas obras que ela dirige a outra coisa, a não ser Deus, é tudo mentira. Tudo são ídolos, cujo alvo não é Deus (p. 195).

O método recomendado aqui por Tauler é o da "imaginação", da visualização, que a psicologia utiliza hoje como técnica de autoconhecimento: deixamos aflorar as imagens de nossa fantasia, do fundo do inconsciente, e nos observamos. Então, muitas vezes, descobrimos quais são as verdadeiras raízes e bases de nosso pensamento e de nossa ação.

Com a ajuda dessa técnica, somos desafiados a nos perguntar sempre de novo qual é o motivo de nossa ação, se com isso nos colocamos no ponto central ou se colocamos Deus. Se nos apegamos a coisas externas, nosso êxito, nossos papéis, nosso cargo ou profissão, nossa propriedade, nossas formas de devoção, nossa reputação como bons cristãos. Então, podemos identificar nossos ídolos, para depois nos livrarmos deles por meio de algum processo. Isso quer dizer, precisamos soltar todas as coisas às quais nos apegamos, para depois nos entregarmos apenas à vontade de Deus.

Carlo Carreto também passou pela experiência de ser induzido por Deus a um doloroso autoconhecimento, na meia-idade. Ele escreve sobre essa experiência:

> *Geralmente, nós a vemos quando estamos com cerca de quarenta anos de idade. Quarenta anos: uma grande data litúrgica da vida, uma data bíblica, data do demônio do meio-dia, data da segunda juventude, uma data decisiva para a pessoa...*
> *É a data que Deus escolheu para encostar na parede aquela pessoa que até então tentou esgueirar-se por baixo do véu de névoa de um* meio-sim e um meio-não.
> *Com as adversidades, chegam também as desilusões, os aborrecimentos, as trevas e, mais profundamente ainda, a visão ou a vivência do pecado. A pessoa descobre o que ela é: uma coitada, um ser frágil, fraco, uma mistura de perversidade e arrogância, um ser da inconstância, da preguiça, da falta de*

lógica. Essa miséria do ser humano não tem limites, e Deus nos faz provar dela até o fundo... Mas isso não é o bastante.

No fundo está a culpa, que é mais determinante, mais abrangente, mesmo quando está oculta... Na verdade, só conseguimos enxergá-la com muito esforço e muitas vezes só depois de muito tempo, mesmo assim ela está suficientemente viva em nossa consciência para nos atormentar e pesar mais do que todas as coisas que normalmente confessamos.

Falo aqui das posturas que envolvem toda a nossa vida como uma esfera e que estão presentes em tudo o que fazemos e o que deixamos de fazer. Pecados que não podemos simplesmente descartar.

Coisas que em geral estão ocultas para nós, e que mesmo assim estão amplamente arraigadas em nós; preguiça e covardia, falsidade e vaidade, das quais nem mesmo nossas orações estão totalmente livres. São essas coisas que pesam sobre toda a nossa existência.[9]

---

[9] CARRETTO, C. *Wo der Dornbusch Brennt*, Freiburgo, 1976, p. 81s.

Esse texto mostra-nos que a experiência de Tauler não é isolada e não se limita aos místicos. Ela atinge todo aquele que tenta levar uma vida espiritual. Por isso é importante conhecermos as leis da vida espiritual, para podermos ajudar pessoas que estão passando por essa crise, que na verdade é apenas um passo em direção a sua evolução religiosa.

Desapego

Além do autoconhecimento, Tauler fala de outro tipo de ajuda para se superar a crise da meia-idade: o desapego. Para ele não são um desapego e uma tranquilidade estoicos, que não se deixam abalar por nada, mas a capacidade de se desapegar. Para Tauler, o desapego é o que as escrituras sagradas chamam de autonegação, o abandono da vontade própria, para se entregar à vontade de Deus. Ela possui um aspecto dinâmico e representa um progresso em direção a Deus.

A pessoa precisa abandonar muita coisa para ficar bem consigo mesma. Precisa abandonar a maldade, os caprichos, a arrogância. Mas também as coisas boas, uma vez que atrapalham a evolução. Pois o bem pode ser inimigo da evolução e impedir que a pessoa progrida no caminho para Deus. Tauler compara isso a uma noiva que se despe de suas velhas roupas e se lava, "para depois ser vestida majestosamente pelo noivo divino com roupas novas" (p. 198). Para Tauler, "as velhas roupas não são apenas aquelas manchadas pelo pecado, mas também as roupas boas, que foram despidas da noiva apenas porque são velhas" (p. 198). Na verdade, elas são as boas práticas e as pequenas virtudes, que devem ser substituídas por uma prática melhor e uma virtude mais elevada.

Para cada idade existem formas de expressão religiosa específicas. Por isso a pessoa não deve fixar-se numa prática que foi boa em sua juventude. E quando, numa crise da meia-idade, a prática lhe parece banal e infrutífera, isso não ocorre porque até então as formas que ela adotou eram incorretas, mas porque Deus quer dizer-lhe que busque novas formas, correspondentes ao grau atual de evolução de sua vida espiritual.

Como, por exemplo, na oração – talvez seja apropriado passar-se a um grau mais elevado. Em vez de rezar por meio dos longos monólogos, que chegam a me cansar, eu poderia aprender a ficar em silêncio diante de Deus. Em vez de devorar livros e mais livros, talvez seja o caso de simplificar minha oração. Será que não estou me submetendo à pressão de ter de vivenciar sempre novas experiências espirituais e religiosas? Em vez disso, então, talvez fosse melhor simplificar minha presença diante de Deus, viver na presença de Deus, sem ficar falando muito sobre isso. Muitas pessoas entram numa crise religiosa na meia-idade, porque querem transpor para a vida religiosa a vontade de vencer com a qual obtiveram êxito na vida profissional. Ambicionam vivenciar constantemente novas experiências religiosas e ao mesmo tempo acumular uma enorme riqueza espiritual. A aridez e a decepção na oração são indicações de que preciso renunciar a essa busca por experiências divinas, de que preciso abandonar essa minha ânsia de posse e colocar-me com mais simplicidade diante de Deus. Seria muito mais importante abandonar-me totalmente a Deus, sem ficar o tempo todo exigindo dele dons como tranquilidade, satisfação, segurança, usufruto religioso.

O desapego também inclui a disposição ao sofrimento. O desapego não implica em possuirmos e usufruirmos nossa tranquilidade, muito pelo contrário, nele abandonamos também nossa própria tranquilidade, disponibilizamo-nos a nos deixar levar por Deus à opressão. "A paz verdadeira nasce apenas da intranquilidade da opressão" (p. 216). Por isso vale a pena suportar a opressão e o sofrimento a ela atrelado.

Permaneça consigo mesmo e não corra para fora, suporte-se e não vá procurar outra coisa! Isso é o que fazem aquelas pessoas quando estão nessa pobreza interior e sempre procuram outra coisa para fugir à opressão. Ou então vão queixar-se ou fazer perguntas aos mestres, tornando-se cada vez mais confusas. Não tenha dúvidas: depois das trevas sempre surge a luz do dia, o raio de sol (p. 217).

Tauler sempre volta a dizer que a pessoa não deve fugir da opressão, que ela precisa ter paciência e esperar. Não pode sair da opressão por meio do esforço próprio. Não pode fazer nada além de esperar que o próprio Deus a guie, através da opressão, em direção a uma nova maturidade espiritual. Isso significa também ter confiança de que Deus não a deixará entrar na opressão sem visar um propósito positivo. A predisposição a nos deixarmos guiar por Deus, confiantes, a soltarmos as rédeas, para nos deixarmos levar pela mão de Deus, tudo isso é uma grande tarefa.

Trata-se, na crise da meia-idade, de uma troca interior de direção. Não sou mais eu, mas Deus que me deve guiar. Aliás, na crise Deus já está em ação, e não devo colocar nada em seu caminho, assim ele poderá concluir sua obra em mim.

Tauler não se cansa de deixar claro para seus ouvintes que o Espírito Santo provoca a crise e passa a atuar na opressão da pessoa. Portanto, a tarefa da pessoa consiste em não impedir a ação desse espírito:

> *Deixando-se preparar e dando-lhe local e espaço para que ele inicie sua obra nela. São poucos os que fazem isso, nem mesmo os que usam a roupagem espiritual e que elegeram Deus para isso* (p. 180).

Tauler consegue descrever com imagens bastante ilustrativas a opressão pela qual o Espírito Santo pretende internamente nos transformar e nos recriar. Assim, complementando Mateus 10:16, ele fala da esperteza da serpente:

> *Quando ela percebe que começa a envelhecer, a encolher e a feder, procura um local com duas pedras, uma ao lado da outra, e esgueira-se entre elas, para arrancar sua pele velha, liberando a nova pele que já cresceu por baixo da antiga. É isso que a pessoa deve fazer com sua pele velha, isto é, com tudo o que ela tem, por natureza,*

por maior e melhor que seja, pois certamente tudo isso já envelheceu e possui defeitos. Por isso deve ser arrancado pelas duas pedras que estão bem próximas uma da outra (p. 215).

Para amadurecer, para chegar ao fundo da alma, precisamos esgueirar-nos entre o espaço apertado das duas pedras, não podemos ficar correndo atrás de novos métodos de amadurecimento pessoal e espiritual. Isso seria apenas uma fuga da opressão. Em algum momento precisamos ter a coragem de fazer isso, mesmo perdendo nossa pele velha, machucando-nos e sofrendo escoriações. As decisões ficam mais apertadas. Mas sem passarmos por esse aperto não amadurecemos, não nos renovamos. A pessoa externa precisa perder a casca, para a interna se renovar a cada dia (2Cor 4:16).

Quando levamos a sério as palavras de Tauler e vemos na crise da meia-idade a obra de Deus, essa crise deixa de ser ameaçadora e perigosa. Não precisamos ter medo dela. Pelo contrário, podemos vê-la como uma chance positiva de darmos um passo à frente e nos aproximarmos de Deus. O que então nos é exigido na crise é a predisposição de deixarmos que Deus realize sua obra sobre nós.

Frequentemente, a ação de Deus é dolorosa para nós. Então vale a pena suportar Deus, aceitar o que ele nos envia, sem nos fragmentarmos internamente. Essa postura exige muito de alguém que está acostumado a agir com as próprias mãos, sempre. E assim, existe também o risco de que essa pessoa resolva tomar a crise nas próprias mãos, atuando pessoalmente e apressando o processo interior. Talvez ela reconheça sua chance e queira aproveitá-la, interferindo pessoalmente e jogando fora as formas obsoletas. Tauler adverte-nos contra essa interferência pretensiosa na ação de Deus. Não devemos perturbar a ação de Deus na opressão e por meio dela, não devemos abandonar a prática corrente por iniciativa própria, mas apenas quando Deus nos incita a isso:

> *O ser humano não deve abandonar as formas e matérias que mais o levam a realizar boas obras internas e externas e a amar a Deus, antes que essas formas e matérias se dissolvam por si mesmas* (p. 182).

Precisamos antes começar a aprender, devagar, a nos abandonarmos à ação de Deus. Queremos logo planejar sozinhos nossas vidas e nossas práticas. Desconfiamos de qualquer passividade, com medo de perder as rédeas. Até então foi bom decidirmos sozinhos sobre nossa vida e seu formato. E queremos continuar fazendo isso. Mas enquanto é bom para os jovens exercitarem-se e imporem tarefas a si mesmos, o mesmo não vale para a idade madura. E, assim, devemos abandonar-nos à vontade de Deus passo a passo e nos entregarmos à Providência. Isso exige a entrega do próprio coração.

O NASCIMENTO DE DEUS

Para Tauler, as angústias e dificuldades provocadas pela crise da meia-idade são apenas as dores do parto do nascimento de Deus na pessoa. No meio da opressão dessa crise, Deus incita as pessoas a se dedicarem ao fundo de suas almas, reconhecerem sua vulnerabilidade e fragilidade, e entregarem-se totalmente ao espírito de Deus. Quando nos desapegamos de tudo o que pode atrapalhar a ação de Deus em nós, então ele pode nascer no fundo de nossa alma. E, segundo Tauler, o nascimento de Deus na pessoa é a meta do caminho espiritual:

Confie em mim; nenhuma opressão surge na pessoa, sem que Deus não queira nascer de novo. E saiba: tudo o que a opressão ou a pressão toma, ou silencia ou libera, renasce em você. E isso então é o nascimento, seja do que for, Deus ou criatura. Então, lembre-se: se a criatura, seja qual for seu nome, perturbá-lo, ela destruirá totalmente o nascimento de Deus em você (p. 217).

Nesse texto o perigo da crise torna-se evidente. Somos tentados a eliminar a pressão direcionando-nos ao exterior, por meio da atividade, do apego a formas religiosas, ou mudanças externas. Isso tudo são criaturas, coisas produzidas por nós mesmos. Elas impedem o nascimento de Deus em nós. Portanto, seria conveniente deixar que o próprio Deus alivie-nos da pressão, na medida em que suportamos Deus, deixamos que ele aja em nós e nos entregamos a ele. Só Deus pode livrar-nos da pressão.

Que venha o que tiver de vir, de fora e de dentro; deixe tudo se dissolver e não busque consolo, pois certamente Deus vai aliviá-lo; para isso mantenha-se livre e deixe tudo por conta dele (p. 217).

A condição para o nascimento de Deus na pessoa é o direcionamento para o interior. A alma deve:

Prover a tranquilidade e o silêncio em seu interior e fechar-se em si mesma, envolver-se e proteger-se dos sentidos no espírito, esquivar-se do que é sensorial e preparar-se, num estado de calmaria, de repouso interior.[10]

Nesse silêncio interior a palavra de Deus pode ser ouvida e captada, e com isso processa-se o nascimento de Deus na pessoa como ocorreu com Maria, da qual Agostinho diz:

Maria ficou feliz quando Deus nasceu espiritualmente em sua alma e fisicamente de seu corpo.[11]

Com o conceito do nascimento de Deus, típico da mística alemã, Tauler quer dizer que a pessoa abre-se a Deus, ela se torna capaz de encontrar Deus, de ser

---

[10] TAULER, p. 19 (prédica 1).
[11] TAULER, p. 18 (prédica 1).

transformada internamente por ele e viver plenamente a partir do espírito de Deus. Deus não é apenas mais uma instância externa que zela pelo cumprimento dos mandamentos, não é mais o ideal que perseguimos, mas interiorizou-se em nós, nós o vivenciamos e agora vivemos a partir dessa experiência do Deus presente. A vida a partir de Deus não passa mais apenas por nossa vontade, com a qual nos propomos a cumprir os mandamentos de Deus, mas brota de um coração tomado por Deus, que se tornou tranquilo e desapegado por causa da proximidade de Deus, tornou-se maduro e sábio, bondoso e pleno de amor.

Portanto, a crise da meia-idade tem um objetivo. Ela é uma oportunidade de se abrir espaço ao autêntico humanismo e, no caminho a Deus, dar um passo decisivo para a frente. Quando conhecemos a relação entre a opressão e o nascimento de Deus, como nos mostrou Tauler, podemos reagir de forma diferente aos primeiros sinais dessa crise. Não ficamos desnorteados, não achamos que devemos experimentar todos os métodos psicológicos possíveis para podermos superá-la e nos curarmos.

Podemos considerar a crise uma tarefa espiritual, quando a admitimos e ouvimos o que Deus nos quer dizer com ela. Não precisamos proteger-nos dela com os diversos mecanismos de defesa possíveis de serem empregados, e também não precisamos fugir, mas, apaziguados, podemos deixar Deus agir em nós, podemos permitir que Deus vire nossa casa de cabeça para baixo e desarrume toda a suposta ordem que existe em nosso interior. Em vez de nos queixarmos de nossa crise, deveríamos agradecer a Deus sua ação em nós, o rompimento de nossa rigidez, permitindo a entrada de seu espírito, que visa transformar nosso coração sempre mais.

2

OS PROBLEMAS DA MEIA-IDADE

Segundo *C.G. Jung*

C. G. Jung aborda os problemas da meia-idade com pressupostos bem diferentes daqueles do místico e pregador Tauler. Jung é psicólogo, e como tal ele se limita aos métodos da ciência empírica. Ele deixa as conclusões filosóficas e teológicas a cargo dos teólogos. Mas, para o psicólogo, a religião é um fenômeno com o qual ele também se confronta constantemente, ao tratar de seus pacientes. Não podemos examinar o psiquismo do ser humano sem também ver suas tentativas de obter, nas imagens e nos sistemas religiosos, uma resposta à pergunta sobre o sentido da vida. Como cientista, Jung considera essas respostas religiosas ao sentido da vida apenas à medida que elas contribuem à saúde da alma humana. Se existe uma realidade transcendente nas imagens religiosas, é algo que como cientista ele não pode afirmar, mas como ser humano ele já se deparou com essa realidade muitas vezes. É espantoso que, a partir da psicologia, Jung tenha chegado a resultados semelhantes aos de Tauler. Isso significa que o caminho religioso corretamente interpretado também é correto do ponto de vista psicológico. A psicologia fornece-nos critérios para distinguir, no interior da prática religiosa, as formas errôneas das saudáveis. Naturalmente, ela não deve-se constituir num parâmetro do caminho religioso. Mas, levando em conta a psicologia, toda religião deve no mínimo perguntar-se até que ponto, com todos os seus dogmas e suas práticas, ela torna a pessoa psiquicamente saudável ou a faz adoecer. Pois, afinal, a religião vê a si mesma como um caminho que pretende levar a pessoa à cura, não apenas a uma cura no além, mas a uma cura humana.

No caminho espiritual, Tauler pretende guiar seus ouvintes e suas ouvintes à plenitude de sua existência como ser humano. Jung acompanha o ser humano no caminho à autorrealização, e nisso confronta-o com seu lado espiritual, que ele não pode negar, se quiser alcançar seu "eu" verdadeiro. Assim o místico e o psicólogo levam-nos ao mesmo ponto de chegada, a partir de dois diferentes pontos de saída: a nosso verdadeiro "eu", à imagem não falseada e intocada que Deus imaginou para cada um dos seres humanos.

Depois de Sigmund Freud, a psicologia concentrou-se quase exclusivamente na fase infantil do ser humano. Cada uma das fases do desenvolvimento da criança e do jovem foi estudada com muita precisão. Quando surgiam crises ou sintomas neuróticos na vida de uma pessoa adulta, realizava-se uma sondagem em sua infância, para explicar sua situação atual e conseguir curá-la. O interesse da psicologia clássica no desenvolvimento humano termina com a passagem da puberdade do jovem à adolescência, quando ele está com cerca de 17-18 anos de idade.

Só com C.G. Jung (1875-1961) é que se modifica a visão da psicologia. Enquanto Freud é o psicólogo da primeira metade da vida, podemos com justiça definir Jung como o psicólogo da segunda metade. Jung não se preocupa em remeter os problemas dos adultos à infância, mas em encontrar caminhos para ajudá-los aqui e agora. A mudança de visão é muito mais do que simplesmente cronológica, trata-se de considerar outros problemas, qualitativamente. Nos conflitos neuróticos das pessoas, Freud vê exclusivamente problemas instintivos, que geralmente surgem na infância. Por outro lado, em suas consultas, Jung percebe que a maioria dos problemas das pessoas com mais de 35 anos de idade é de natureza religiosa.

O PROCESSO DE INDIVIDUAÇÃO

Se quisermos entender as observações de C.G. Jung sobre os problemas da meia-idade, teremos de explicar brevemente sua visão do desenvolvimento humano, no processo de individuação. Jung chama de individuação aquele processo "que produz um indivíduo psicológico, quer dizer, uma unidade distinta, indivisível, um todo".[1] Esse processo possui duas grandes fases, a da expansão na primeira metade da vida e a da introversão na segunda metade. Na primeira metade da vida, o objetivo é afastar a criança cada vez mais do inconsciente em que ela vive, para que ela desenvolva um "eu" consciente. Jung define o "eu" como o núcleo consciente da pessoa, o centro de sua ação e de sua capacidade de julgamento. Na primeira metade da vida, a pessoa deve fortalecer cada vez mais seu "eu", deve encontrar sua posição no mundo, com segurança, e poder afirmar-se. Para isso ela desenvolve uma *persona*, um rosto, adaptado às expectativas do meio, uma máscara que o impede de ficar à mercê das pessoas, ao expor seus sentimentos e estados de ânimo.[2] À *persona* cabe manter o relacionamento do "eu" com seu meio. Como na primeira metade da vida a pessoa concentra seus cuidados no fortalecimento do "eu" e na construção de uma *persona* forte, acaba negligenciando

---

[1] JUNG, C.G. *Gesammelte Werke,* vol. 9, Olten 1976, p. 293.
[2] JAKOBI, J. *Der Weg zur Individuation,* Zurique 1965, p. 48s. Para a necessidade de uma *persona* bem estruturada, *Gesammelte Werke,* vol. 7, p. 218.

muitas outras características. A consequência disso é o surgimento da sombra, que é ao mesmo tempo uma imagem refletida do "eu", que se compõe

> *das características psíquicas da pessoa, em parte reprimidas, em parte não vivenciadas ou pouco vivenciadas, que desde o início foram amplamente excluídas do convívio com outras pessoas, por razões morais, sociais, educacionais ou outras, e por causa disso reverteram à repressão ou à fragmentação.*[3]

Portanto, a sombra não se constitui apenas de lados obscuros e negativos, mas também de positivos. O "ser" humano é polarizado: para cada polo existe um polo contrário. Um dos polos eleva o ser humano à consciência, o outro permanece no inconsciente. A cada característica contrapõe-se uma outra, contrária. Quanto mais a pessoa desenvolve uma característica, tanto mais forte é o efeito de seu contrário no inconsciente. Isso não vale apenas para as virtudes, mas também para as quatro funções do consciente, que Jung classifica da seguinte maneira: pensar, sentir, intuir, perceber. Quando a pessoa desenvolve unilateralmente

---

[3] JAKOBI, *Der Weg zur Individuation*, p. 50.

suas funções racionais, será inundada, no inconsciente, por expressões emocionais infantis instintivas (como por exemplo o sentimentalismo). Geralmente, as características e os padrões de comportamento existentes na sombra são projetados em outras pessoas, sobretudo em um tipo oposto. Essa projeção, que impede uma conscientização da sombra, frequentemente é a causa de tensões interpessoais.

Além da sombra pessoal, a pessoa carrega também uma sombra coletiva dentro de si, na qual está contido tudo que há de mal e de obscuro na história da humanidade. A sombra coletiva é parte do inconsciente coletivo; nele estão armazenadas como um todo as experiências da humanidade, que encontraram sua expressão nos mitos, nos arquétipos e símbolos da religião. Ao inconsciente coletivo pertencem também a *anima* e o *animus*, símbolos das características femininas e masculinas, assim como características e símbolos para tudo o que é maternal e paternal.

Na primeira metade da vida, a pessoa está tão concentrada em sua autoafirmação que ela se identifica com seu "eu" consciente. Ela reprime a sombra, a *anima*, o que está no inconsciente, sem sofrer grandes danos. Isso se modifica na segunda metade da vida, na qual a pessoa precisa integrar sua sombra e sua *anima*, ou seu *animus*, recolhendo suas projeções externas, abrindo-se a seu inconsciente e tomando consciência das posturas e características existentes nele. O "eu" deve retornar a sua origem, ao *self*, para se suprir de novas forças vitais a partir dele.

O desenvolvimento do *self* é o objetivo da individuação. Jung define o *self* como a "totalidade psíquica do ser humano".[4] Enquanto o "eu" é só consciente e a sombra só inconsciente, o *self* engloba ambos: consciente e inconsciente. A pessoa precisa desenvolver-se partindo do "eu" para o *self*. Isso acontece quando, cada vez mais, ele vai tornando consciente e integrando seu inconsciente.

Os problemas da meia-idade

A meia-idade, por volta de 35 e 45 anos de idade, constitui-se naquele ponto de mudança no qual o processo de desenvolvimento do "eu" precisa transformar-se no amadurecimento do *self*. O problema fundamental, porém, dessa transformação é que o ser humano acha que pode lidar com as tarefas da segunda metade da vida utilizando os meios e os princípios da primeira metade.

---

[4] JUNG, C. G. *Gesammelte Werke*, vol. 11, Zurique / Stuttgart 1963, p. 170.

A vida humana pode ser comparada à trajetória do sol. De manhã ele nasce e ilumina o mundo. No meio do dia ele alcança seu ponto mais elevado, depois começa a retrair seus raios e a se pôr. A tarde é tão importante quanto a manhã. Mas obedece a outras regras. Para o ser humano, reconhecer o ponto de inflexão da curvatura de sua vida, em que ele passa à segunda metade, significa ajustar-se a sua realidade interior, ao invés de se ajustar à realidade externa, como na primeira metade. Ao invés de promover a expansão, ele precisa agora promover a introversão, a redução ao essencial, o caminho para o interior. "O que a juventude encontrava e devia encontrar na vida externa, o ser humano da tarde deve encontrar na interna."[5]

Os problemas que a pessoa enfrenta em sua meia-idade referem-se às tarefas que ela se lhe impõe e para as quais ela precisa adotar novas posturas: 1. A relativização de sua *persona*, 2. A aceitação da sombra, 3. A integração de *anima* e *animus* e 4. O desenvolvimento do *self* na aceitação da morte e no encontro com Deus.

---

[5] JUNG, C.G. *Gesammelte Werke,* vol. 7, p. 81.

A relativização da persona

Na juventude, e como jovem adulto, conquistar um lugar na vida foi algo que custou muito para a pessoa, em termos de dispêndio de energia. A luta exigiu dela uma *persona* firme, que lhe permitisse afirmar-se no mundo. Mas o fortalecimento da *persona* não se estendeu à repressão do inconsciente. Quando o inconsciente se rompe, na metade da vida, deixa a pessoa muito insegura. Sua postura consciente entra em colapso, ela fica desorientada, perde seu equilíbrio. A perda de equilíbrio é para Jung uma coisa útil, ela visa a criação de um novo equilíbrio, no qual o inconsciente também passa a ter seu devido lugar.[6]

Naturalmente o colapso da estrutura inconsciente também pode levar a uma catástrofe. Uma reação frequente para se proteger dessa insegurança é o apego compulsivo à própria *persona*, é a identificação melancólica com o cargo, a profissão, o título. Jung acha que a identificação com cargo ou título seria:

> *Algo sedutor, e é por isso que tantos homens não são nada além da posição que lhes foi conferida pela sociedade.*

[6] Ibid., p. 178s.

> *Procurar uma personalidade por trás desse invólucro seria inútil. Por trás de toda essa apresentação pomposa encontraríamos apenas um homenzinho deplorável. Por isso o cargo é tão sedutor: porque oferece uma compensação barata para as insuficiências pessoais.*[7]

Em vez de dar atenção às expectativas do mundo e entrincheirar-se atrás de sua *persona*, a pessoa que se encontra na meia-idade tem apenas a incumbência de ouvir mais sua voz interior e concentrar-se em desenvolver sua personalidade interior.

A aceitação da sombra (o problema do oposto)

Jung vê toda a vida humana em opostos. O consciente é o oposto do inconsciente, a luz é o oposto da sombra, o *animus* da *anima*. A oposição é essencial para a pessoa. Ela só se torna inteira, só desenvolve a seu *self*, quando não exclui os opostos, mas integra-os em si. Na primeira metade da vida, com o fortalecimento do "eu", ela enfatizou unilateralmente o consciente. A razão criou ideais que ela perseguiu com toda

---

[7] Ibid., p. 159.

a força. Mas a todos esses ideais correspondem posturas opostas no inconsciente. Quanto mais a pessoa tenta excluí-las, tanto mais elas retornam em seus sonhos. Da mesma forma, aos padrões de comportamento que a pessoa vive conscientemente correspondem posturas contrárias em seu inconsciente. A meia-idade exige que nossa atenção volte-se também aos polos opostos, para que aceitemos nossa sombra não vivenciada e nos relacionemos com ela.

Aqui nos deparamos com dois típicos comportamentos equivocados da meia-idade; um consiste no fato de não enxergarmos o oposto de nossa postura consciente. Apegamo-nos aos antigos valores, permanecemos presos a princípios, tornamo-nos um *laudator temporis acti*. Enrijecemo-nos, ficamos petrificados, tapados. O comportamento padronizado torna-se o substituto da transformação espiritual.[8]

Em síntese, o que nos paralisa é o medo do problema dos opostos. Temos medo de nosso irmão misterioso e não queremos aceitá-lo. Somente pode existir "uma única verdade e uma única diretriz de ação, e ela deve ser absoluta; senão ela não nos garantirá nenhuma

---

[8] JUNG, C.G. *Gesammelte Werke,* vol. 9, p. 151.

proteção contra o turbilhão que nos ameaça em todos os lugares, não só em nós mesmos."[9]

Outra reação ao problema dos opostos é atirarmos longe todos os valores aceitos até então. Tão logo aceitamos que nossas convicções anteriores podem estar erradas, a inverdade na verdade, o ódio no amor sentido até aquele momento, deixamos de lado todos os nossos velhos ideais e tentamos continuar vivendo em oposição a nosso antigo "eu". "Mudanças de profissão, divórcios, trocas de religião, apostasias de todo tipo são sintomas dessa passagem radical ao lado contrário."[10] Achamos que finalmente poderemos vivenciar tudo o que reprimimos até então. Mas em vez de integrá-lo, sucumbimos ao que não vivenciamos até aquele momento e reprimimos o já vivenciado. Assim a repressão permanece, ela só troca de conteúdo. E com a repressão permanece também a perturbação do equilíbrio.

Incorremos no erro de acreditar que o valor contrário eliminou nosso valor anterior. Não conseguimos reconhecer que nenhum valor e nenhuma verdade de nossa vida podem ser simplesmente negados por seus contrários, mas que são relativamente dependentes deles. "Tudo o que é humano é relativo, porque tudo está

[9] JUNG, C.G. *Gesammelte Werke*, vol. 7, p. 82.
[10] Ibid., p. 81.

baseado numa oposição interna."[11] Portanto, a tendência de renegar os antigos valores em prol de seus contrários é tão exagerada quanto a antiga unilateralidade, em que, por causa dos muitos ideais, não se dava atenção às fantasias inconscientes que os questionavam. Na segunda metade da vida "não se deve converter os valores ao contrário, mas manter os antigos valores reconhecendo ao mesmo tempo seu contrário".[12]

A integração de anima *e* animus

Na passagem da vida à segunda metade, o problema dos contrários aparece quando o homem é confrontado com sua *anima* e a mulher com seu *animus*. A tarefa de ambos é encontrar uma nova forma de lidar com a *anima* e o *animus*. Jung observou que homens e mulheres na meia-idade de repente assumem características do gênero oposto.

Principalmente nos povos de países ao sul da Alemanha, encontramos mulheres de mais idade com vozes roucas, profundas, buços, traços fisionômicos mais

---

[11] Ibid., p. 82.
[12] Ibid., p. 82.

> *duros; e sob diversos outros aspectos, também, elas desenvolvem um modo de ser masculino. E, inversamente, o corpo masculino habitual ameniza-se por meio de traços femininos, como depósitos de gordura e uma expressão fisionômica mais suave.*[13]

Jung acha que o masculino e o feminino são uma determinada provisão de substâncias. Na primeira metade da vida, o homem usa a maior parte de seu potencial masculino, então só lhe resta, na segunda metade, a substância feminina.[14]

Isso se torna evidente na transformação psíquica de homens e mulheres na meia-idade:

> *Por exemplo, frequentemente o homem de quarenta e cinco a cinquenta anos de idade já se aposentou, e então a mulher veste as calças e abre uma pequena loja de quinquilharias, onde ele assume o papel de ajudante. Existem muitas mulheres que só despertam para a responsabilidade e a consciência social depois*

---
[13] JUNG, C.G. *Gesammelte Werke*, vol. 8, p. 453s.
[14] Ibid., p. 454.

do quadragésimo ano de vida. Atualmente, nos negócios modernos, principalmente nos Estados Unidos, o break down, o colapso nervoso depois dos quarenta anos de idade, é bastante frequente. Quando examinamos as vítimas de perto, vemos que aquilo que entrou em colapso foi o estilo masculino vigente até aquele momento e o que restou foi um homem mais feminilizado. Inversamente, observamos nos mesmos círculos mulheres que nessa mesma faixa etária desenvolvem uma tremenda masculinidade e uma racionalidade mais fria, que empurram o coração e os sentimentos para o segundo plano. Muitas vezes, essas são mudanças acompanhadas de catástrofes conjugais de todo tipo, pois não é difícil imaginar o que ocorre quando o homem descobre seus doces sentimentos e a mulher sua racionalidade.[15]

Jung chama os traços, as características e os princípios femininos e masculinos de *anima* e *animus*. Todo ser humano possui ambos dentro de si.

---

[15] Ibid., p. 454s.

Na primeira metade da vida, ele só desenvolve um único lado, enquanto o outro é reprimido no inconsciente. Quando o homem enfatiza apenas sua masculinidade, a *anima* retrai-se a seu inconsciente e só se manifesta em emoções e estados de ânimo intensos. "Ela fortalece, exagera, falseia e mitologiza todas as relações emocionais que o homem tem com a profissão e as outras pessoas de ambos os gêneros." [16]

Nas mulheres o *animus* reprimido expressa-se nas opiniões firmes. Essas opiniões baseiam-se em pressupostos inconscientes e por isso não se deixam abalar. São princípios intocáveis, não questionados, opiniões autônomas.

> *Em mulheres intelectualizadas o* animus *estimula uma capacidade de argumentar e apresentar razões de forma intelectual e crítica, mas que em essência consiste em tornar um ponto fraco secundário num absurdo elemento principal. Ou, então, uma discussão por si mesma relativamente clara torna-se impiedosamente confusa por meio da introdução de um ponto de vista totalmente diferente ou até*

---

[16] JUNG, C.G. *Gesammelte Werke*, vol. 9, p. 86.

equivocado. Sem saber, essas mulheres apenas visam aborrecer o homem, e com isso sucumbem totalmente ao animus.[17]

Quando o homem não assume seus traços femininos, portanto, seus sentimentos, sua parte criativa e maternal, ele os projeta nas mulheres que o fascinam. A projeção sempre provoca a fascinação. A paixão que acomete os jovens, e que sempre vem acompanhada de fortes emoções, está ligada à projeção. Portanto, o homem deve aceitar e reconhecer que tudo aquilo que o atrai tanto na mulher também existe dentro dele. Para um homem cioso de sua masculinidade, essa aceitação não é nada fácil. Jung acha que é preciso uma grande força e uma sinceridade dolorida para consigo mesmo: "Chamo o ato de aceitar a sombra de empreitada de aprendiz, e de lidar com a *anima* uma empreitada de mestre, que muitos não conseguem realizar".[18]

Jung mostra diversos caminhos para o relacionamento com a *anima*. O primeiro passo consiste em não reprimir os estados de ânimo, os afetos e as emoções, desviando-os para uma atividade ou

---

[17] Ibid., vol. 7, p. 229.
[18] JUNG, C.G. *Briefe III* 1956-1961, Olten 1973, p. 225.

desvalorizando-os, desculpando-os como fraquezas, que afinal nós temos mesmo. A tarefa mais importante é observar através desse "mecanismo de desvalorização e de negação"[19] e levar a sério as expressões do inconsciente nos estados de ânimo e afetos. Quando inicio uma conversa com meus estados de ânimo, posso dar ao inconsciente uma oportunidade de se expressar e assim chegar ao consciente. Deixo a *anima* que existe dentro de mim expressar-se, uma vez que pergunto a meus afetos o que eles querem me dizer, quais lados, desejos e aptidões de meu inconsciente eles querem me indicar. Para Jung, essa conversa com nossos sentimentos e estados de ânimo, e por meio deles com nosso inconsciente, é uma técnica importante da educação da *anima*.[20] Outros caminhos são o desenvolvimento consciente da força dos sentimentos, dos lados poéticos e artísticos, que todos trazem dentro de si.

Um lugar importante em que o homem é confrontado com sua *anima* é o sonho. As mulheres, com as quais o homem sonha, muitas vezes simbolizam sua *anima*. No modo com que o homem se encontra

---

[19] JUNG, C.G. *Gesammelte Werke*, vol. 7, p. 222.
[20] Ibid., p. 223, 237.

com a mulher no sonho, ele consegue perceber se sua relação com a *anima* é madura ou imatura, se ela é reprimida ou integrada. O inconsciente, que aparece ao homem em sua *anima*, não é isento de perigos. Na vivência do mundo inconsciente, ele pode transmitir-lhe insegurança, mas também fazer cobranças e devorá-lo. Por isso, para poder encontrar-se com seu inconsciente de uma forma proveitosa, o homem precisa de proteção. E, segundo Jung, essa proteção lhe é dada pela religião e seus símbolos. A religião aproveita a sensibilidade e a criatividade da *anima* e torna-se uma mãe para o ser humano, uma mãe que lhe dá a vida, como uma fonte fértil da qual ele pode beber e que o mantém vivo e criativo.

A religião garante ao homem o acolhimento que ele busca na mãe, mas ao mesmo tempo guia-o para fora da ligação infantil com ela. Se o ser humano permanecer ligado a sua mãe, ele permanecerá à mercê dos próprios afetos e sua saúde psíquica correrá perigo. Muitas vezes, a ligação do homem com a mãe é inconsciente e mostra-se na projeção de sua *anima* sobre uma mulher, que assume para ele o papel de mãe. Como o inconsciente irrompe nele com toda a imprevisibilidade, é justamente na meia-idade que ele busca proteção e acolhimento.

O medo do desconhecido em seu inconsciente faz com que ele busque proteção na mulher. E esse medo confere à mulher um poder ilegítimo sobre ele, pois vem sedutoramente ao encontro de seu instinto de posse.

Para Jung, a religião é um remédio eficaz, para que o homem vivencie a fertilidade da *anima* dentro de si e fique protegido da dependência que pode levá-lo a buscar a projeção de sua *anima* nas mulheres. Quem apenas projeta sua *anima* sem integrá-la, fica submetido a uma total dependência da mulher. Os "machões" do Terceiro Reich, que expressavam sua masculinidade unilateralmente, eram submissos a suas mulheres. Eram como crianças pequenas, dependentes das mães. A integração da *anima* liberta o homem da submissão. Para Jung a religião é um caminho importante de integração da *anima*. A religião permite que o homem vivencie todas as forças férteis e criativas da *anima*, necessárias a sua própria vitalidade. Sem as forças da *anima*, o ser humano perde em vitalidade, flexibilidade e humanismo:

> *Via de regra surge um enrijecimento precoce, quando não uma esclerose, uma estereotipação, um radicalismo fanático, uma teimosia, um apego exagerado*

aos princípios, ou o contrário: resignação, cansaço, desleixo, irresponsabilidade e finalmente um ramollissement *(amolecimento – N.T.) infantil com tendências ao alcoolismo.*[21]

Assim como o homem com sua *anima*, a mulher também tem de aprender a lidar com seu *animus*. Ela deveria utilizar seu *animus* como um portal de entrada para seu inconsciente, como possibilidade de conhecê-lo melhor. Ela deveria questionar criticamente suas opiniões e procurar descobrir sua origem, pois muitas vezes elas possuem o caráter de convicções inabaláveis e princípios sólidos intocáveis. É que através disso ela pode confrontar-se com os pressupostos inconscientes de suas opiniões, aparentemente fundamentadas de forma puramente racional. Assim o *animus* torna-se uma ponte ao inconsciente, no qual residem forças férteis e criativas, necessárias para sua autorrealização. Para a mulher, o sonho também é uma importante fonte de conhecimento, onde ela pode aprender a lidar com seu *animus*. Quando ela tem um sonho em que um

---

[21] JUNG, C.G. *Gesammelte Werke*, vol. 9, p. 87.

homem a persegue, isso quer dizer que ela ainda não integrou seu *animus*. Se ela refletir muito sobre o sonho e perguntar ao perseguidor o que ele lhe quer dizer ou lhe dar, descobrirá que no *animus* existe uma força importante da qual ela precisará para seu caminho em direção à autorrealização.

Para a integração do *animus* na mulher, a religião tem uma função diferente da que ela tem no homem. Para a mulher, são importantes sobretudo os desafios ascéticos e morais, que a guiam para fora do ser maternal acolhedor e protetor, em direção ao engajamento, à responsabilidade e à ação. O *animus* deve formar a *anima*, o espírito desafiador do pai deve fertilizar a *anima*. Assim a religião pode fornecer à *anima* forma e estrutura, nas quais a vida pode crescer e se desenvolver.

Uma ajuda a mais para a integração da *anima* e do *animus* é apresentada pela comunidade, que pode oferecer, organizar e promover o acolhimento. Aquele que se fecha à comunidade, afasta-se da corrente da vida. Segundo Jung, a pessoa fecha-se à comunidade porque oculta seus afetos, com um sentimento de inferioridade. E assim a solidão e o isolamento não são uma falta de capacidade para estabelecer contatos, mas falta de modéstia. Aquele que é orgulhoso demais para se abrir a seu semelhante acaba se isolando. Quem é modesto nunca permanece só.[22] Portanto, aquele que deixa sempre a *persona*, que construiu para o mundo exterior, romper-se pelas forças questionadoras da *anima* e do *animus*, aquele que sempre encara sinceramente os opostos dentro de si, sempre questiona seus estados de ânimo e suas opiniões, e é suficientemente modesto a ponto de se abrir para o outro, obterá uma ajuda muito útil da comunidade para a integração da *anima* e do *animus* e assim chegar ao equilíbrio emocional.

Nos últimos tempos, o conceito de *anima* e *animus* suscitou veementes críticas, sobretudo entre as mulheres. Elas acham que esse conceito de Jung segue um ponto de vista tipicamente masculino. Sentem-se ofendidas pela forma como ele fala sobre as mulheres. Certamente, nesse caso Jung também é filho de seu tempo. Ele herdou a visão que predominava em

---

[22] *Briefe III*, p. 93: "Wenn Sie einsam sind, so liegt das daran dass Sie sich isolieren. Sind Sie bescheiden genug, dann bleiben Sie niemals einsam. Nischts isoliert uns mehr als Macht und Prestige. Versuchen Sie herabzusteigen und Bescheidenheit zu lernen, und Sie werdwn nie allein sein!" (Se você se sentir só, é porque está se isolando. Se você for modesto, jamais ficará só. Nada nos isola mais do que o poder e o prestígio. Tente descer um pouco e aprender a ser modesto, e nunca estará só!).

seu tempo, a de uma imagem unilateral das mulheres. Hoje em dia, as mulheres se veem de forma essencialmente diferente. Nas mulheres, encontramos diversos arquétipos, não apenas o da grande mãe, da amazona, de Helena ou de Sofia, descritos pelo próprio Jung, mas também os arquétipos que se expressam nas diversas deusas gregas. São elas: Afrodite, Athena e Artemis. Segundo o modelo de Jung, a intelectual Athena seria uma mulher com um complexo de *animus*. Mas isso é unilateral demais. Todas as três deusas representam imagens interiores da mulher. E nem toda mulher precisa ser uma Afrodite. Athena e Artemis também representam mulheres maduras e integradas.

O modelo de *anima* e *animus* pode ajudar-nos a entender a crise de muitos homens e mulheres na meia-idade. Os homens e as mulheres na meia-idade precisam redescobrir sua imagem mais pessoal de mulher ou homem e encontrar sua identidade inerente. Para isso, eles devem ter consciência de sua polaridade. Não se deve relacionar demais a *anima* e o *animus* com os lados masculino e feminino. Senão, corre-se o risco de apresentá-los de forma sexista. Na verdade, eles são muito mais arquétipos do ser humano, que em primeira linha não têm a ver com homem e mulher, mas com a estrutura da alma humana. Importante é o homem na meia-idade refletir como quer viver sua totalidade. E a mulher deve ter clareza de tudo o que faz parte de sua essência, como mulher. Ela precisa abandonar as imagens que os outros lhe impuseram, para encontrar aquela que se sintoniza corretamente com sua realização pessoal como mulher.

O desenvolvimento do self *na aceitação da morte e no encontro com Deus*

O verdadeiro problema que a pessoa na meia-idade precisa enfrentar é sua postura diante da morte. A curva psíquica da vida, que tende a cair, corre em direção à morte. Só quando a pessoa acredita numa continuidade da vida após a morte é que o fim de sua vida terrena, sua morte, passa a ser uma meta sensata. Só então a segunda metade da vida possui em si mesma um sentido e uma missão. Para Jung, a continuidade da vida depois da morte não é questão de fé, mas da realidade psíquica. A alma acha isso sensato. Quando ela se adapta a isso permanece saudável.[23]

Na meia-idade a pessoa precisa familiarizar-se com sua morte. Precisa aceitar conscientemente a queda de sua curva de vida biológica, para deixar

---

[23] JUNG, C.G. *Gesammelte Werke*, vol. 8, p. 457ss. e 469ss.

sua linha psicológica continuar crescendo em direção à individuação. Jung diz que: "A partir da meia-idade só permanece vivo aquele que quer morrer com vida".[24] Jung vê o medo da morte numa relação com o medo da vida:

> Como existe um grande número de pessoas jovens que basicamente têm um medo enorme, quase um pânico, da vida que elas vislumbram a sua frente, existe talvez um número ainda maior de pessoas que estão envelhecendo e têm esse mesmo medo da morte. Sim, eu soube que justamente aquelas pessoas jovens, que têm medo da vida, mais tarde também sentem muito medo da morte. Quando são jovens, é o que se diz, eles teriam uma resistência infantil contra os desafios normais da vida; quando são idosos, deveríamos poder dizer o mesmo, ou seja, que eles também têm medo de um desafio normal da vida. Mas estamos tão convencidos de que a morte é simplesmente o fim de um processo, que geralmente nem nos passa pela mente considerar a morte como um objetivo e

---

[24] Ibid., p. 466.

uma realização, da mesma forma que consideramos, sem problemas, os objetivos e propósitos da vida juvenil em ascensão.[25]

A vida tem um objetivo. Na juventude esse objetivo consiste na adaptação da pessoa no mundo para alcançar alguma coisa. Com a meia-idade o objetivo muda. Ele não se concentra mais no topo, mas no vale, ali onde a ascensão começou. E vale a pena mover-se em direção a esse objetivo. A curva psicológica de quem não faz isso, de quem se agarra intensamente à vida, perde a conexão com a curva biológica. "Sua consciência fica no ar, enquanto abaixo dele a parábola cai com velocidade crescente."[26] Em síntese o medo da morte é não querer viver. Pois só consegue viver, permanecer vivo e amadurecer aquele que aceita a lei da vida, que se move em direção à morte como a um objetivo.

Em vez de olhar para a frente, para o objetivo da morte, muitos olham para trás, para o passado. Enquanto nós todos lamentamos quando um homem jovem, de 30 anos de idade, olha para trás, para a infância, e permanece infantil, nossa sociedade admira

[25] Ibid., p. 465.
[26] Ibid., p. 464.

pessoas idosas que parecem jovens e se comportam como eles. Jung chama essas posturas de:

> *Psicologicamente contrárias à natureza, perversas, sem estilo. Um jovem que não luta e vence perdeu o melhor de sua juventude, e um velho que não queira entender o mistério dos regatos, que correm dos cumes das montanhas para os vales, é insensível, uma múmia espiritual, não é nada além de um passado petrificado. Está afastado de sua vida, repetitivo como uma máquina, até o extremo desgaste. Que cultura é essa, que exige tais figuras de sombra!* [27]

Um sinal típico do medo do envelhecimento no futuro é o apego ao tempo da juventude. Jung pergunta:

> *Quem é que não conhece aqueles comoventes senhores idosos que precisam sempre requentar a época em que eram estudantes, e só conseguem reacender a chama da vida na retrospectiva de seus tempos homéricos de herói, mas que além disso*

---

[27] Ibid., p. 466.

estão completamente fossilizados, como filisteus sem esperanças?[28]

Em vez de nos prepararmos para o envelhecimento, tornamo-nos eternos jovens, segundo Jung "uma lamentável substituição para a realização do *self*"[29], promovida pelas pessoas que estão na segunda metade da vida.

Atualmente, as pessoas que estão na meia-idade não estão preparadas para o que as aguarda na segunda metade da vida. O motivo disso, alega Jung, é que na verdade temos escolas para jovens, mas não para as pessoas de 40 anos de idade, escolas que pudessem educá-las para enfrentar a segunda metade da vida. Antigamente, essas escolas eram as religiões. Elas preparavam as pessoas para o mistério da segunda metade da vida. Hoje, Jung também não pode oferecer às pessoas que estão na meia-idade nenhuma outra escola além das religiões, que na verdade iniciam as pessoas na morte, porque as levam para além de suas afirmações no mundo, a um campo em que a pessoa torna-se verdadeiramente um ser humano.

---

[28] Ibid., p. 452.
[29] Ibid., p. 455.

Segundo Jung, a pessoa somente pode desenvolver seu *self* quando vivencia o divino dentro de si. A ideia de Deus em nós, a palavra de São Paulo: "Não sou eu que vivo, mas é Cristo que vive em mim", expressa a experiência de uma pessoa que encontrou a si mesma. E uma pessoa na meia-idade deve soltar seu eu limitado, para se entregar a Deus. Aquele que recusa essa entrega de si mesmo a Deus nunca encontrará o caminho a uma totalidade e, com isso, à saúde de sua alma. Assim, para muitas pessoas que estão na segunda metade da vida, o verdadeiro problema é religioso. Jung diz que:

> *Dentre todos os meus pacientes que passaram pela meia-idade, isto é, que têm mais de trinta e cinco anos de idade, não há um único cujo problema definitivo não seja a escolha religiosa. Sim, todos lamentam, em primeira linha, a perda daquilo que as religiões vivas ofereceram a seus fiéis em todos os tempos, e ninguém obtém a verdadeira cura sem rever novamente sua opção religiosa, o que naturalmente não tem nada a ver com a adesão a uma Igreja.*[30]

---

[30] JUNG, C.G. *Gesammelte Werke*, vol. 11, Zurique / Stuttgart 1963, p. 362.

Para o encontro com a imagem de Deus, necessária para a saúde psíquica de todas as pessoas, Jung oferece-lhes os mesmos meios e métodos que encontramos também nas obras escritas por autores espiritualistas. Jung fala do sacrifício com que a pessoa entrega-se a Deus, com o qual ela sacrifica algo de seu eu, para ganhar a si mesma. A introversão que Jung recomenda à pessoa que está na meia-idade concretiza-se na meditação e na ascese. O isolamento e o jejum voluntário são para ele "meios conhecidos há muito tempo para o suporte à meditação, que abre o caminho ao inconsciente".[31]

A penetração no inconsciente, o aprofundamento no interior, representa para a pessoa a renovação e o renascimento espiritual.

O tesouro do qual Cristo nos fala está oculto no inconsciente, e só os símbolos e os meios da religião tornam o ser humano capaz de resgatá-lo. Assim como Cristo desce ao Hades em sua morte, o ser humano também precisa atravessar a noite do inconsciente, a viagem ao inferno do autoencontro, para renascer fortalecido pela força do inconsciente. O resultado dessa experiência de pessoas que passaram pela crise da meia-idade e

---

[31] Ibid., vol. 5, p. 428.

que por meio dela se deixaram transformar por Deus, é sintetizada por Jung do seguinte modo:

> *Elas alcançaram a si mesmas, conseguiram aceitar-se, estavam em condições de se reconciliar consigo mesmas e com isso também de se reconciliar com condições e acontecimentos adversos. É quase a mesma coisa que se costumava expressar antigamente com as palavras: "Ele fez as pazes com Deus, sacrificou sua vontade própria, uma vez que se submeteu à vontade de Deus".*[32]

O renascimento espiritual, o deixar-se transformar por Deus, é a tarefa da segunda metade da vida, uma tarefa cheia de perigos, mas também cheia de promessas. Ela exige poucos conhecimentos psicológicos, porém muito mais aquilo que definimos como devoção, a predisposição de se voltar para dentro, para ouvir o Deus que está dentro de nós. Jung recomenda que a pessoa que está na meia-idade deve dedicar-se à tarefa da autotransformação com todo o empenho espiritual. Naturalmente, é uma tarefa que não conseguiremos realizar apenas com nossas forças, mas que só realizaremos *concedente deo*.

---

[32] JUNG, C.G. *Psychologie und Religion*, Zurique 1947, p. 147.

CONCLUSÃO

Nos 20 anos, desde a primeira publicação deste livro sobre a crise da meia-idade, realizei diversos cursos sobre esse tema. Sempre volto a notar como os pensamentos de Tauler e Jung constituíram-se num estímulo positivo para obtermos mais clareza sobre nossa identidade. A meia-idade é um desafio importante para nos confrontarmos com nossa verdade. Aquele que assume esse desafio não fica lamentando-se pela juventude do passado. Vive muito mais o momento. Sente como a vida é emocionante, como justamente o envelhecimento pode introduzi-lo em novos campos de existência como ser humano. Ele gosta de viver o momento, exatamente com a idade que tem agora.

Publiquei o pequeno texto sobre a meia-idade quando tinha 35 anos, portanto, numa idade em que a meia-idade está apenas começando. Minha base foram sobretudo as afirmações de Jung e Tauler.

Minha experiência ainda não era suficientemente profunda. Era muito mais uma noção do que me esperava. Enquanto isso, já atravessei a meia-idade há muito tempo. Às vezes eu sentia, dolorosamente, o que quer dizer: abandonar as ilusões, deixar a juventude para trás definitivamente e enfrentar o que a alma está remexendo. Escrever sobre a crise da meia-idade e vivenciá-la no próprio corpo são duas coisas diferentes. Mesmo assim, sou grato pelas ideias que me foram chegando ao escrever o livro. Elas me ajudaram a superar melhor minha meia-idade. Quando, porém, aos 40 anos de idade, comecei a sentir a crise e ela passou por mim de forma relativamente branda, eu pensei que poderia viver tranquilamente dali em diante. Mas o tempo todo a vida leva-nos através de novas crises e desafios. A crise típica da meia-idade existe de fato, mas não deveríamos fixar-nos nela.

Precisamos, sobretudo, contar com o fato de que a vida sempre mata nossas ilusões, de que ela frustra nossas ideias de uma vida bem-sucedida e nos confronta com lados que julgávamos há muito superados e elaborados. Por isso agora eu tento viver o momento atual, ser grato por tudo o que aconteceu comigo e em mim, e sempre permanecer aberto para o desafio que o presente me apresenta. Obviamente, Deus ainda pretende despertar, formar, esclarecer e transformar muita coisa em mim, até que esteja pronta a figura única que Deus imaginou para mim. Nesse caminho, continuo aberto para as surpresas que Deus me preparou, mas também para as decepções que querem matar todas as minhas ilusões, para que a verdade sempre aflore com mais pureza.

Esta obra foi composta em CTcP
Capa: Supremo 250g – Miolo: Pólen Soft 80g
Impressão e acabamento
Gráfica e Editora Santuário